쉽고 재미있는 초등 한자 익힘책

쑥쑥
급수한자
쓰기노트

7급 하

허은지 · 박진미 공저

7급한자 하 53자 모아보기

가나다순

歌 노래 가	工 장인 공	旗 기 기	記 기록할 기	內 안 내	農 농사 농
答 대답할 답	道 길 도	洞 골 동	動 움직일 동	同 한가지 동	登 오를 등
來 올 래	里 마을 리	立 설 립	面 낯 면	問 물을 문	文 글월 문
物 물건 물	方 모 방	百 일백 백	事 일 사	算 셈 산	色 빛 색
世 인간 세	所 바 소	數 셈 수	市 저자 시	安 편안 안	語 말씀 어
右 오른 우	有 있을 유	邑 고을 읍	入 들 입	字 글자 자	場 마당 장
全 온전 전	電 번개 전	正 바를 정	左 왼 좌	主 주인 주	住 살 주
重 무거울 중	紙 종이 지	直 곧을 직	車 수레 차 / 거	千 일천 천	村 마을 촌
出 날 출	平 평평할 평	漢 한나라 한	話 말씀 화	休 쉴 휴	

*7급한자는 모두 100자입니다.
상/하 두 권으로 나누어서 익힙니다.

🐻 차례

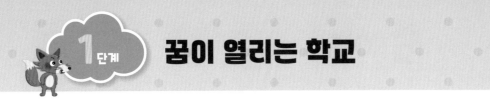

부수 白(흰 백) 中 百(bǎi) 바이

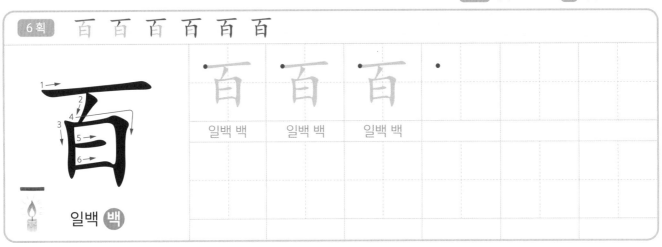

6획 百 百 百 百 百 百

百 百 百
일백 백 일백 백 일백 백

일백 백

• 百日(백일) : 아이가 태어난 지 100일 되는 날

부수 十(열 십) 中 千(qiān) 치앤

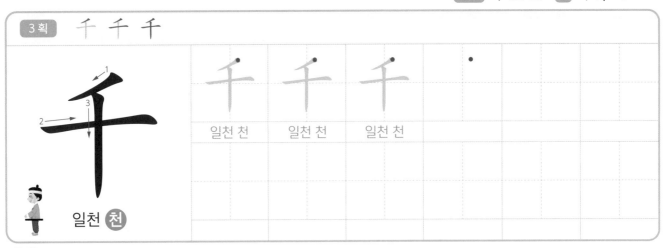

3획 千 千 千

千 千 千
일천 천 일천 천 일천 천

일천 천

• 數千(수천) : 천의 여러 배가 되는 수

부수 竹(대나무 죽) 中 算(suàn) 쑤안

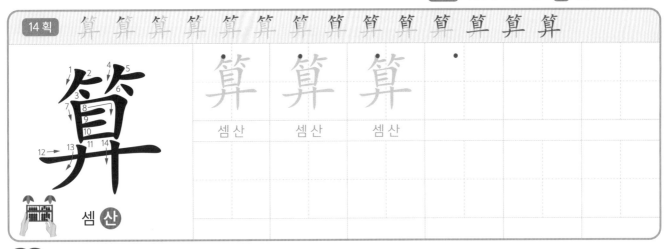

14획 算 算 算 算 算 算 算 算 算 算 算 算 算 算

算 算 算
셈 산 셈 산 셈 산

셈 산

• 計算(계산) : 수를 헤아림, 값을 치름

월 일

부수 攵(등글월 문) 中 数(shǔ) 슈*

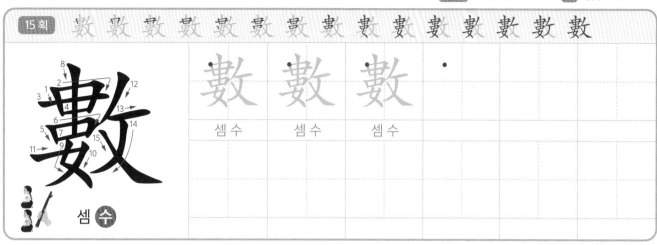

셈 수

셈수　셈수　셈수

點數(점수) : 성적을 나타내는 숫자

부수 口(입 구) 中 问(wèn) 원

물을 문

물을문　물을문　물을문

質問(질문) : 알고 싶은 것을 물음

부수 竹(대나무 죽) 中 答(dá) 다

대답할 답

대답할 답　대답할 답　대답할 답

正答(정답) : 옳은 답

1단계 | 手足 / 口心 / 食氣 / 活命 / 力便 / 空　**5**

부수 言(말씀 언) 　中 语(yǔ) 위

14획 語 語 語 語 語 語 語 語 語 語 語 語 語 語

語　語　語
말씀 어　말씀 어　말씀 어

말씀 **어**

• 單語(단어) : 낱말

부수 文(글월 문) 　中 文(wén) 원

4획 文 文 文 文

文　文　文
글월 문　글월 문　글월 문

글월 **문**

• 文化(문화) : 사람들이 살면서 함께 쌓아온 것들

부수 氵(삼수변) 　中 汉(hàn) 한

14획 漢 漢 漢 漢 漢 漢 漢 漢 漢 漢 漢 漢 漢 漢

漢　漢　漢
한나라 한　한나라 한　한나라 한

한나라 **한**

• 漢字(한자) : 고대 중국에서 만들어진 글자

부수 子(아들 자) 中 字(zì) 쯔

6획 字 字 字 字 字 字

字 / 字 / 字

글자 자 / 글자 자 / 글자 자

글자 자

교과서 한자어 · 大文字(대문자) : 서양 글자에서 큰 글씨체로 된 문자

부수 工(장인 공) 中 工(gōng) 꽁

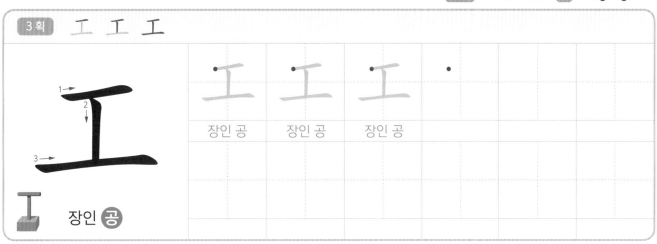

3획 工 工 工

工 / 工 / 工

장인 공 / 장인 공 / 장인 공

장인 공

교과서 한자어 · 工事(공사) : 길을 만들고 건물을 짓거나 고치는 일

경주에 있는 안압지는 신라시대에 만들어진 인공(人工) 호수예요.

1 주어진 훈(뜻) 음(소리)에 맞는 한자를 고르세요.

① 일천 천
干
千
于

② 셈 수
敦
數
敎

③ 일백 백
白
首
百

④ 대답할 답
答
荅
筌

⑤ 물을 문
聞
問
間

⑥ 셈 산
箕
筭
算

⑦ 장인 공
工
土
王

⑧ 글월 문
丈
交
文

⑨ 한나라 한
漌
漠
漢

⑩ 글자 자
子
字
宇

⑪ 말씀 어
語
詰
詩

2 다음 그림을 보고 연상되는 한자의 훈(뜻)과 음(소리)을 쓰세요.

❶  숫자 100과 많다는 의미의 모양

훈 　　 음

❷  옛날에 숫자 1000의 의미를 표현하던 모양

훈 　　 음

❸  손으로 나무판을 잡고 숫자를 계산하는 것을 그린 모양

훈 　　 음

❹  손으로 산가지를 잡고 셈을 하는 모양

훈 　　 음

❺ 남의 집을 방문해 질문하는 것을 그린 모양

훈 　　 음

❻  죽간에 편지를 써서 주고받는 것을 그린 모양

훈 　　 음

❼ 사람들이 서로 주고받는 말이라는 의미를 가진 모양

훈 　　 음

❽  몸에 새긴 문양을 그린 모양

훈 　　 음

❾  진흙이 많은 장강 유역의 모양

훈 　　 음

❿ 가정에서 늘어나는 아이를 그린 모양

훈 　　 음

⓫ 땅을 다지는 도구를 그린 모양

훈 　　 음

3 한자어의 뜻을 읽고 빈칸에 알맞은 한자를 쓰세요.

보기1　　　　數　　　問　　　千　　　算　　　百

❶ 아이가 태어난 지 100일 되는 날　➡️ | 백 | 일 |　➡️ | | 일 |

❷ 천의 여러 배가 되는 수　➡️ | 수 | 천 |　➡️ | 수 | |

❸ 수를 헤아림, 값을 치름　➡️ | 계 | 산 |　➡️ | 계 | |

❹ 성적을 나타내는 숫자　➡️ | 점 | 수 |　➡️ | 점 | |

❺ 알고 싶은 것을 물음　➡️ | 질 | 문 |　➡️ | 질 | |

보기2　　　　語　　　文　　　漢　　　字　　　大　　　工

❻ 고대 중국에서 만들어진 글자　➡️ | 한 | 자 |　➡️ | | |

❼ 사람들이 살면서 함께 쌓아온 것들　➡️ | 문 | 화 |　➡️ | | 화 |

❽ 길을 만들고 건물을 짓거나 고치는 일　➡️ | 공 | 사 |　➡️ | | 사 |

❾ 낱말　➡️ | 단 | 어 |　➡️ | 단 | |

❿ 서양 글자에서 큰 글씨체로 된 문자　➡️ | 대 | 문 | 자 |　➡️ | | | |

4 다음 밑줄 친 말에 해당하는 한자를 보기 에서 찾아 그 번호를 쓰세요.

보기
❶ 百　　❷ 千　　❸ 算　　❹ 數　　❺ 問
❻ 答　　❼ 語　　❽ 文　　❾ 漢　　❿ 字　　⓫ 工

1 아이들은 흑설 공주의 **글**을 읽고 수군대기 시작한다.

2 아버지께서는 엄숙한 표정으로 **말씀**을 이으셨다.

3 장영실은 물건을 고치는 **장인**과도 같았지.

4 옛날 중국에는 **한**이라는 나라가 있었어.

5 지우개를 사용해서 **글자**를 지워요.

6 이렇게 **수**를 더해보니 32가 되었습니다.

7 덕진이라는 아가씨의 곳간에는 쌀이 수**백** 석이나 있어.

8 돈 수**천** 냥을 다른 사람들에게 나누어 주었을 것이다.

9 몽당깨비는 **대답** 대신 눈을 감아 버렸습니다.

10 어느 날, 한 꼬마 아이가 **물었어**.

11 결국 원님은 쌀 삼백 석을 꾸어 **셈**을 치를 수 있었다.

⚫ 위와 아래의 그림을 비교하여 서로 다른 부분 10곳을 찾아보세요.

신나는 코딩 놀이

비밀 문자를 만들었어요. 문장에서 모양을 보고 음을 찾아 한자로 써보세요.

♥	☁	⚡	☀	🌙
한	백	어	산	자
☺	■	◆	▲	✚
공	수	문	천	답

   개를 외우는 것은 너무 어려워요.

   점을 받기 위해서 선생님께 질◆을 했어요.

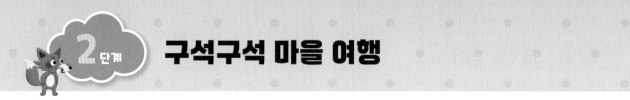
부수 一(한 일)　中 世(shì) 스*

5획　世 世 世 世 世

世

인간 세

世 인간 세　世 인간 세　世 인간 세

인간 **세**

· **世界**(세계) : 지구 위의 모든 나라, 인류 사회 전체

부수 辶(책받침)　中 道(dào) 따오

13획　道 道 道 道 道 道 道 道 道 道 道 道

道

길 도

道 길 도　道 길 도　道 길 도

길 **도**

· **道路**(도로) : 사람이나 차가 다니는 길

부수 巾(수건 건)　中 市(shì) 스*

5획　市 市 市 市 市

市

저자 시

市 저자 시　市 저자 시　市 저자 시

저자 **시**

· **市場**(시장) : 물건을 사고 파는 곳

부수 氵(삼수변) 中 洞(dòng) 뚱

9획 洞洞洞洞洞洞洞洞洞

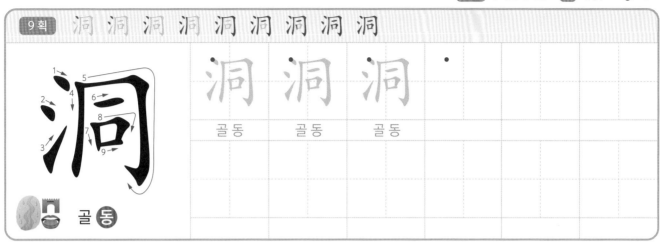

洞	洞	洞	
골 동	골 동	골 동	

골 **동**

교과서 한자어 • 洞窟(동굴) : 자연적으로 생긴 넓은 굴

부수 邑(고을 읍) 中 邑(yì) 이

7획 邑邑邑邑邑邑邑

邑	邑	邑	
고을 읍	고을 읍	고을 읍	

고을 **읍**

교과서 한자어 • 都邑(도읍) : 한 나라의 수도를 이르던 말

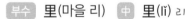
부수 里(마을 리) 中 里(lǐ) 리

7획 里里里里里里里

里	里	里	
마을 리	마을 리	마을 리	

마을 **리**

교과서 한자어 • 九萬里(구만리) : 먼 거리를 비유적으로 이르는 말

13획 農 農 農 農 農 農 農 農 農 農 農 農 農

農 農 農
농사 농　　농사 농　　농사 농

농사 농

• 農夫(농부) : 농사 짓는 사람

7획 村 村 村 村 村 村 村

村 村 村
마을 촌　　마을 촌　　마을 촌

마을 촌

• 地球村(지구촌) : 지구가 한 마을처럼 가까워짐을 이르는 말

7획 住 住 住 住 住 住 住

住 住 住
살 주　　살 주　　살 주

살 주

• 住所(주소) : 사는 곳

부수 戶(지게 호)   中 所(suǒ) 수어

8획 所 所 所 所 所 所 所 所

所   所   所
바소   바소   바소

바 소

교과서 한자어 · 場所(장소) : 어떤 일이 일어나는 곳

부수 丶(점 주)   中 主(zhǔ) 쥬*

5획 主 主 主 主 主

主   主   主
주인 주   주인 주   주인 주

주인 주

교과서 한자어 · 主人(주인) : 물건을 가지고 있는 사람

우리 나라의 주인(主人)은
바로 우리 어린이들이에요.

1 주어진 훈(뜻) 음(소리)에 맞는 한자를 고르세요.

① 인간 세
| 佁 |
| 世 |
| 也 |

② 골 동
| 洞 |
| 洞 |
| 洞 |

③ 길 도
| 道 |
| 道 |
| 逈 |

④ 고을 읍
| 色 |
| 皀 |
| 邑 |

⑤ 저자 시
| 市 |
| 布 |
| 帀 |

⑥ 마을 리
| 里 |
| 星 |
| 呈 |

⑦ 농사 농
| 農 |
| 晨 |
| 震 |

⑧ 마을 촌
| 材 |
| 杖 |
| 村 |

⑨ 살 주
| 往 |
| 佳 |
| 住 |

⑩ 주인 주
| 主 |
| 至 |
| 生 |

⑪ 바 소
| 听 |
| 所 |
| 斫 |

2 다음 그림을 보고 연상되는 한자의 훈(뜻)과 음(소리)을 쓰세요.

①  나뭇가지에 돋아나는 새 순을 그린 모양

훈   음

② 옳은 길로 인도하는 의미 의 모양

훈   음

③ 발소리가 울려 퍼지는 시 끌시끌한 마을을 그린 모 양

훈   음

④  옛날에 사람들이 함께 살 던 물이 있는 곳을 그린 모양

훈   음

⑤  성 앞에 무릎을 꿇은 사 람을 그린 모양

훈   음

⑥ 밭과 흙을 그린 모양

훈   음

⑦ 농기구를 들고 나무를 하 는 것을 그린 모양

훈   음

⑧  나무가 있는 사람들이 모 여 사는 마을을 그린 모 양

훈   음

⑨  불이 켜져 있는 곳에 사 람이 있는 모습을 그린 모양

훈   음

⑩ 도끼로 나무를 찍는 것을 그린 모양

훈   음

⑪ 촛불이 있는 촛대를 그린 모양

훈   음

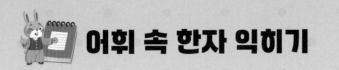

3 한자어의 뜻을 읽고 빈칸에 알맞은 한자를 쓰세요.

> **보기1**　　世　　九　　道　　市　　洞　　里

❶ 물건을 사고 파는 곳 ➡ | 시 | 장 | ➡ | | 장 |

❷ 먼 거리를 비유적으로 이르는 말 ➡ | 구 | 만 | 리 | ➡ | | 만 | |

❸ 지구 위의 모든 나라, 인류 사회 전체 ➡ | 세 | 계 | ➡ | | 계 |

❹ 자연적으로 생긴 넓은 굴 ➡ | 동 | 굴 | ➡ | | 굴 |

❺ 사람이나 차가 다니는 길 ➡ | 도 | 로 | ➡ | | 로 |

> **보기2**　　農　　人　　村　　住　　所　　主

❻ 지구가 한 마을처럼 가까워짐을 이르는 말 ➡ | 지 | 구 | 촌 | ➡ | 지 | 구 | |

❼ 어떤 일이 일어나는 곳 ➡ | 장 | 소 | ➡ | 장 | |

❽ 물건을 가지고 있는 사람 ➡ | 주 | 인 | ➡ | | |

❾ 사는 곳 ➡ | 주 | 소 | ➡ | | |

❿ 농사 짓는 사람 ➡ | 농 | 부 | ➡ | | 부 |

4 다음 밑줄 친 말에 해당하는 한자를 보기 에서 찾아 그 번호를 쓰세요.

보기

①世 ②道 ③市 ④洞 ⑤邑
⑥里 ⑦農 ⑧村 ⑨住 ⑩所 ⑪主

1 주소를 찾아보니 경북 안동시 풍천면 구호**리**였다.

2 우리 아버지는 **농사**를 지어.

3 나도 **주인**에게 돌아가고 싶어.

4 늘 있던 **곳**에 빛바랜 우산을 쓴 아버지가 보였다.

5 1916년에 유관순은 서울 정**동**에 있는 이화학당에 입학했다.

6 우리 겨레는 내 나라, 내 땅에서 마음 놓고 **사는** 것조차 힘들었다.

7 왕가리 마타이는 황폐해진 케냐의 **마을** 풍경을 보고 깜짝 놀랐다.

*왕가리 마타이는 케냐의 환경운동가이자 정치가예요. 2004년 노벨평화상을 받았어요.

8 이 **세상** 모든 것이 다 악기가 된다.

9 꼬불꼬불 길고 긴 험악한 **길**을 살아간다느니 하며 한탄하고 있다.

10 옛날, 전라남도 영암 **고을**에서 있던 일이다.

11 지난 주말 부모님과 **시장**에 갔다.

틀린 그림 찾기

위와 아래의 그림을 비교하여 서로 다른 부분 10곳을 찾아보세요.

신나는 코딩 놀이

○ 다음 순서도를 보고 규칙에 따라 빈칸에 들어갈 알맞은 한자를 써 넣으세요.

보기

所 市 住 世 村 主 邑 道 里

시 동 세

농 □ 主

소 □ □ 리

道 洞 □

농 □ □

住 □ 읍 □

농 村

내가 바라는 세상

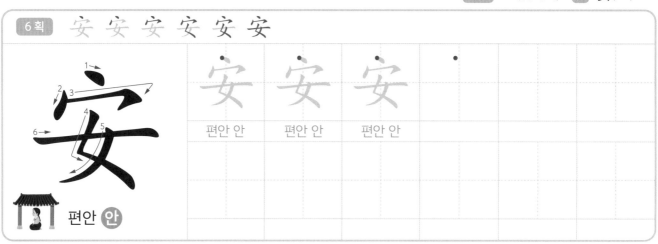

부수 宀(갓머리)　中 安(ān) 안

6획　安 安 安 安 安 安

편안 안

편안 **안**

편안 안　편안 안　편안 안

• **安全**(안전) : 위험이 생기거나 사고가 날 염려가 없음

부수 入(들 입)　中 全(quán) 취앤

6획　全 全 全 全 全 全

온전 전

온전 **전**

온전 전　온전 전　온전 전

• **全員**(전원) : 전체 인원

부수 止(그칠 지)　中 正(zhèng) 쩡*

6획　正 正 正 正 正

바를 정

바를 **정**

바를 정　바를 정　바를 정

• **正刻**(정각) : 바로 그 시각

부수 目(눈 목) 中 直(zhí) 즈*

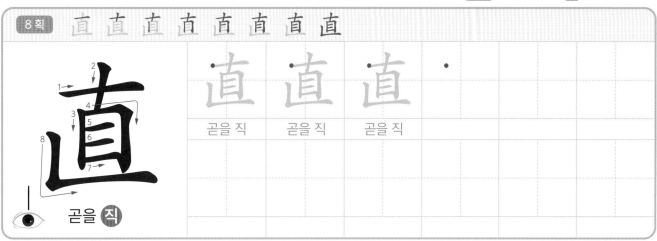

8획 直 直 直 直 直 直 直 直

直 곧을 직 直 곧을 직 直 곧을 직

곧을 **직**

• **正直**(정직) : 거짓없이 바르고 곧음

부수 雨(비 우) 中 电(diàn) 띠엔

13획 電 電 電 電 電 電 電 電 電 電 電 電 電

電 번개 전 電 번개 전 電 번개 전

번개 **전**

• **充電**(충전) : 배터리에 전기 에너지를 모으는 것

부수 言(말씀 언) 中 话(huà) 후아

13획 話 話 話 話 話 話 話 話 話 話 話 話 話

話 말씀 화 話 말씀 화 話 말씀 화

말씀 **화**

• **通話**(통화) : 전화로 말을 주고 받음

11획 動 動 動 動 動 動 動 動 動 動 動

動	動	動	
움직일 동	움직일 동	움직일 동	

움직일 동

• 動映像(동영상) : 움직이는 모습을 찍어서 보여주는 것

7획 車 車 車 車 車 車 車

車	車	車	
수레 차 / 거	수레 차 / 거	수레 차 / 거	

수레 차 / 거

• 車票(차표) : 차를 타기 위해 구입한 표

10획 記 記 記 記 記 記 記 記 記 記

記	記	記	
기록할 기	기록할 기	기록할 기	

己 기록할 기

• 記者(기자) : 신문이나 잡지에 글을 쓰는 사람

부수 糸(실사변)   中 纸(zhǐ) 즈*

10 획 紙 紙 紙 紙 紙 紙 紙 紙 紙 紙

紙

종이 **지**

紙	紙	紙				
종이 지	종이 지	종이 지				

· 圖畫紙(도화지) : 그림을 그리는 데 사용되는 종이

自 動 車

자동차

電 話

전화

1 주어진 훈(뜻) 음(소리)에 맞는 한자를 고르세요.

❶ 편안 안
妥
安
突

❷ 온전 전
全
金
会

❸ 바를 정
止
正
丕

❹ 곧을 직
植
眞
直

❺ 번개 전
電
霓
雹

❻ 말씀 화
活
話
語

❼ 수레 차/거
車
東
卓

❽ 종이 지
紬
紙
祗

❾ 움직일 동
勤
勤
動

❿ 기록할 기
託
記
説

2 다음 그림을 보고 연상되는 한자의 훈(뜻)과 음(소리)을 쓰세요.

①  집 안에 앉아 있는 여자를 그린 모양

훈   음

② 옥이 서로 끼워진 상태를 그린 모양

훈   음

③ 성을 향해 나아가는 것을 그린 모양

훈   음

④ 시선이 바르다, 곧다라는 의미를 그린 모양

훈   음

⑤  비가 오는 가운데 번개가 치는 모습을 그린 모양

훈   음

⑥ 좋은 말만 하고 나쁜 말을 하면 안된다는 것을 그린 모양

훈   음

⑦  힘이 있어야 무거운 것을 움직일 수 있다는 의미를 그린 모양

훈   음

⑧ 물건을 담거나 사람을 태우는 수레를 그린 모양

훈   음

⑨  말의 실마리를 정리하여 기록한다는 의미의 모양

훈   음

⑩ 실과 같은 섬유질이 얽힌 것을 그린 모양

훈   음

3 한자어의 뜻을 읽고 빈칸에 알맞은 한자를 쓰세요.

보기1   安 全 正 直 話 電

① 배터리에 전기 에너지를 모으는 것 ➡ | 충 | 전 | ➡ | 충 | |

② 바로 그 시각 ➡ | 정 | 각 | ➡ | | 각 |

③ 전화로 말을 주고 받음 ➡ | 통 | 화 | ➡ | 통 | |

④ 위험이 생기거나 사고가 날 염려가 없음 ➡ | 안 | 전 | ➡ | | |

⑤ 거짓없이 바르고 곧음 ➡ | 정 | 직 | ➡ | | |

보기2   全 動 車 紙 記

⑥ 신문이나 잡지에 글을 쓰는 사람 ➡ | 기 | 자 | ➡ | | 자 |

⑦ 움직이는 모습을 찍어서 보여주는 것 ➡ | 동 | 영 | 상 | ➡ | | 영 | 상 |

⑧ 전체 인원 ➡ | 전 | 원 | ➡ | | 원 |

⑨ 그림을 그리는 데 사용되는 종이 ➡ | 도 | 화 | 지 | ➡ | 도 | 화 | |

⑩ 차를 타기 위해 구입한 표 ➡ | 차 | 표 | ➡ | | 표 |

4 다음 밑줄 친 말에 해당하는 한자를 보기 에서 찾아 그 번호를 쓰세요.

보기
① 安   ② 全   ③ 正   ④ 直   ⑤ 電
⑥ 話   ⑦ 動   ⑧ 車   ⑨ 記   ⑩ 紙

1 그래, 너의 말이 **옳았어**.

2 인류 전체로 보면 현재의 자연 과학만 가지고도 **편안히** 살아가기에 넉넉하다.

3 아버지는 **온** 몸에 비를 몽땅 맞았다.

4 영란이는 뒷문으로 **곧장** 발을 옮겼다.

5 비가 오고 **번개**가 친다.

6 떡에 신문**지**가 달라붙어서 못 먹겠어.

7 저승사자가 핀잔하듯 **말했다**.

8 소년은 매일 밤 자기 전에 그날의 기억을 **기록**하기로 했어요.

9 할머니는 손**수레**를 힘껏 끌었어.

10 이따 아버지가 올 테니까 **움직이지** 말고 있어.

🔍 틀린 그림 찾기

○ 위와 아래의 그림을 비교하여 서로 다른 부분 10곳을 찾아보세요.

신나는 코딩 놀이

⭕ 다음 **규칙** 을 참고하여 제시된 문장의 암호를 해독하여 암호에 해당하는 한자어를 써 보시오.

규칙

□ 는 紙를 의미합니다.

우리는 ⬚⬚ 하게 자전거를 타야 합니다.

우리 엄마는 ⬚⬚ 함이 가장 중요하다고 하셨습니다.

4 단계 이상한 나라의 나침반

부수 工(장인 공) 中 左(zuǒ) 주어

5획	左 左 左 左 左

左	左	左	•
왼 좌	왼 좌	왼 좌	

왼 **좌**

교과서 한자어 • 左右(좌우) : 왼쪽과 오른쪽

부수 口(입 구) 中 右(yòu) 요우

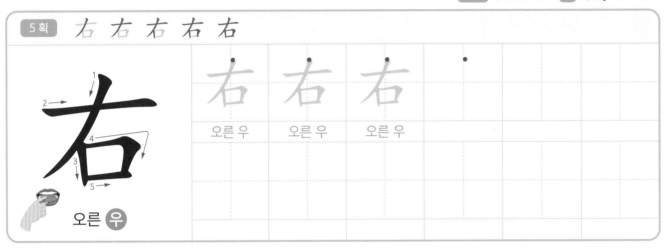

5획	右 右 右 右 右

右	右	右	•
오른 우	오른 우	오른 우	

오른 **우**

교과서 한자어 • 右回轉(우회전) : 오른쪽으로 돎

부수 凵(위튼입구몸) 中 出(chū) 츄*

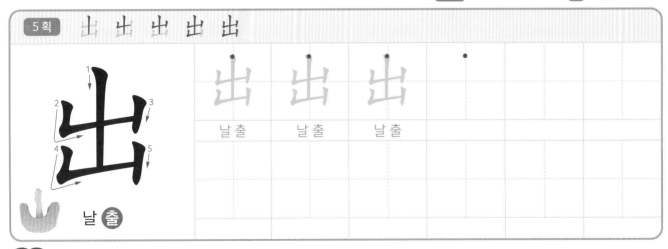

5획	出 出 出 出 出

出	出	出	•
날 출	날 출	날 출	

날 **출**

교과서 한자어 • 日出(일출) : 해가 떠오름

34 쑥쑥 급수한자 7급 🅱 쓰기노트

부수 入(들 입)　中 入(rù) 루*

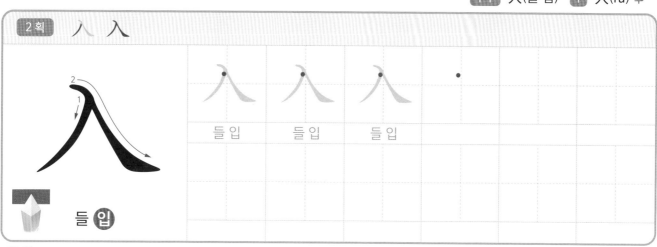

[2획] 入 入

入 入 入 ·
들입 들입 들입

들 입

교과서
한자어 · 入金(입금) : 통장에 돈을 넣음

부수 干(방패 간)　中 平(píng) 핑

[5획] 平 平 平 平 平

平 平 平 ·
평평할 평 평평할 평 평평할 평

평평할 평

교과서
한자어 · 平和(평화) : 전쟁이나 다툼이 없이 조용함

부수 面(낯 면)　中 面(miàn) 미앤

[9획] 面 面 面 面 面 面 面 面 面

面 面 面 ·
낯 면 낯 면 낯 면

낯 면

교과서
한자어 · 平面(평면) : 평평한 표면

12 획　登 登 登 登 登 登 登 登 登 登 登 登

登	登	登	﹒		
오를 등	오를 등	오를 등			

오를 **등**

• 登校(등교) : 학교에 감

12 획　場 場 場 場 場 場 場 場 場 場 場 場

場	場	場	﹒		
마당 장	마당 장	마당 장			

마당 **장**

• 運動場(운동장) : 운동을 하는 마당

8 획　來 來 來 來 來 來 來 來

來	來	來	﹒		
올 래	올 래	올 래			

올 **래**

• 來日(내일) : 다음 날

부수 方(모 방) 中 方(fāng) 팡*

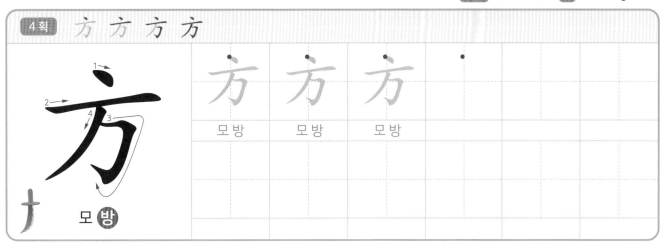

4획 方方方方

方 모방

方 모방　方 모방　方 모방

四方(사방) : 동서남북의 네 방위

부수 入(들 입) 中 内(nèi) 네이

4획 内内内内

内 안내

内 안내　内 안내　内 안내

室内(실내) : 방이나 건물의 안

내(内)부를 예쁘게 꾸며 보았어요.

1 주어진 훈(뜻) 음(소리)에 맞는 한자를 고르세요.

❶ 날 출   屮 / 出 / 击

❷ 들 입   入 / 八 / 人

❸ 평평할 평   半 / 平 / 甲

❹ 낮 면   面 / 酉 / 靣

❺ 왼 좌   右 / 在 / 左

❻ 오른 우   左 / 右 / 石

❼ 오를 등   凳 / 發 / 登

❽ 마당 장   場 / 塌 / 塲

❾ 올 래   茶 / 來 / 夾

❿ 안 내   丙 / 內 / 內

⓫ 모 방   方 / 亢 / 夂

2 다음 그림을 보고 연상되는 한자의 훈(뜻)과 음(소리)을 쓰세요.

❶
공구를 쥐고 있는 왼손을 그린 모양

훈   음

❷
음식을 입에 넣는 오른손을 그린 모양

훈   음

❸
동굴에서 나오는 발을 그린 모양

훈   음

❹
뾰족한 삼각형 모양으로 칼끝이나 화살이 들어가는 것을 그린 모양

훈   음

❺
숨을 고르고 편안하게 쉬는 것을 그린 모양

훈   음

❻
얼굴 윤곽과 눈을 그린 모양

훈   음

❼
양손으로 제기를 들고 제단으로 올라가는 사람을 그린 모양

훈   음

❽
햇볕이 내리쬐는 평평한 땅을 그린 모양

훈   음

❾
자라나는 보리를 그린 모양

훈   음

❿
칼자루에 달린 칼을 그린 모양

훈   음

⓫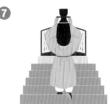
가옥의 내부를 그린 모양

훈   음

3 한자어의 뜻을 읽고 빈칸에 알맞은 한자를 쓰세요.

보기1   左   右   出   入   平   日   面

❶ 통장에 돈을 넣음 ➡ | 입 | 금 | ➡ | | 금 |

❷ 평평한 표면 ➡ | 평 | 면 | ➡ | | |

❸ 해가 떠오름 ➡ | 일 | 출 | ➡ | | |

❹ 전쟁이나 다툼이 없이 조용함 ➡ | 평 | 화 | ➡ | | 화 |

❺ 왼쪽과 오른쪽 ➡ | 좌 | 우 | ➡ | | |

보기2   登   日   場   來   方   內   四   校

❻ 운동을 하는 마당 ➡ | 운 | 동 | 장 | ➡ | 운 | 동 | |

❼ 방이나 건물의 안 ➡ | 실 | 내 | ➡ | 실 | |

❽ 동서남북의 네 방위 ➡ | 사 | 방 | ➡ | | |

❾ 학교에 감 ➡ | 등 | 교 | ➡ | | |

❿ 다음 날 ➡ | 내 | 일 | ➡ | | |

4 다음 밑줄 친 말에 해당하는 한자를 [보기] 에서 찾아 그 번호를 쓰세요.

[보기]
❶左   ❷右   ❸出   ❹入   ❺平
❻面   ❼登   ❽場   ❾來   ❿方   ⑪內

1 밖으로 **나오자**, 비가 많이 내렸다.

2 **오른쪽** 눈의 시력이 갑자기 떨어졌다.

3 바로 그때 교실 뒷문으로 익숙한 **얼굴** 하나가 불쑥 나타났다.

4 이 컴컴한 데로만 **들어가면** 이승으로 나갈 수 있다.

5 책상 위에 책을 쌓지 말고 **왼쪽**에 있는 책꽂이에 꽂자.

6 우리나라는 국토의 70% 이상이 산이라서 넓고 **평평한** 땅이 적다.

7 내년 봄에는 사**방**에서 넘쳐 나는 반장 후보들로 한바탕 몸살을 앓을 모양이다.

8 주말마다 아빠와 산에 **오르기로** 했어요.

9 마법의 나무 주위로 벌 떼처럼 우르르 몰려 **왔어**.

10 잠시 뒤, **마당**에 나와 원님 앞에 다소곳이 섰다.

11 집**안**이 불화하면 망하듯, 나라 **안**이 갈려서 싸우면 망한다.

틀린 그림 찾기

위와 아래의 그림을 비교하여 서로 다른 부분 10곳을 찾아보세요.

신나는 코딩 놀이

월   일

소방차가 모든 칸을 다 지나가야 불난 집에 도착할 수 있어요.
소방차가 지나가는 길을 선으로 긋고 (4,7), (10,8)에 해당하는 한자어를 한자로 써보세요.

4

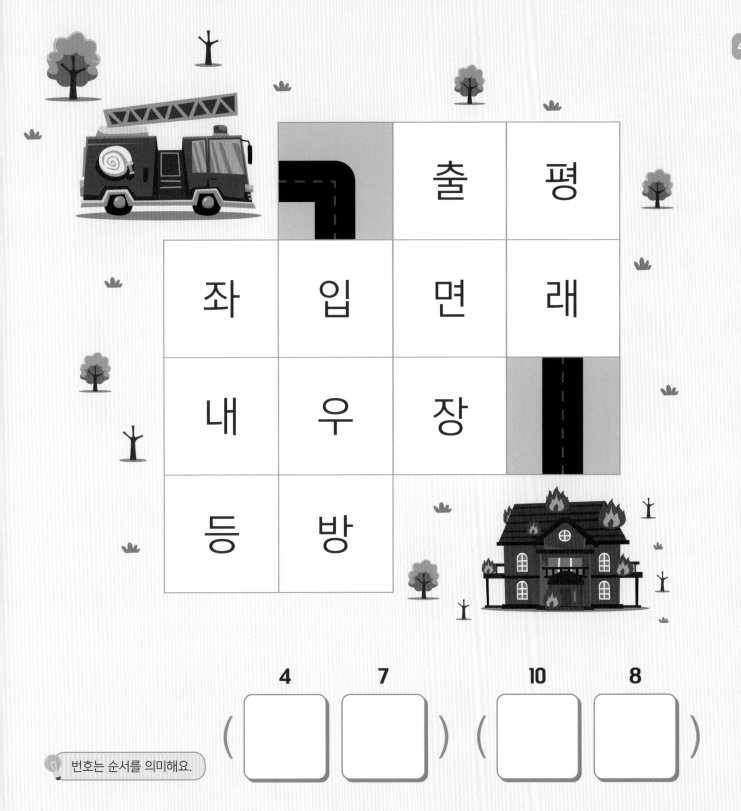

	출	평
좌	입	면	래
내	우	장	
등	방		

| 4 | 7 | | 10 | 8 |

(☐ ☐) (☐ ☐)

번호는 순서를 의미해요.

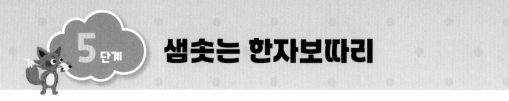
부수 亅(갈고리궐) 中 事(shì) 스*

8획 事事事事事事事事

事 일 사

事 일사 事 일사 事 일사

• **事故**(사고) : 갑자기 일어난 나쁜 일

부수 牛(소 우) 中 物(wù) 우

8획 物 物 物 物 物 物 物 物

物 물건 물

物 물건 물 物 물건 물 物 물건 물

• **植物**(식물) : 온갖 나무와 풀의 총칭

부수 月(달 월) 中 有(yǒu) 요우

6획 有 有 有 有 有 有

有 있을 유

有 있을 유 有 있을 유 有 있을 유

• **有名**(유명) : 이름이 널리 알려짐

월   일

부수 色(빛 색)   中 色(sè) 쓰어

色 色 色 色 色 色

빛 색　　빛 색　　빛 색

빛 색

• 生色(생색) : 다른 사람에게 지나치게 자랑함

부수 口(입 구)   中 同(tóng) 퉁

同 同 同 同 同 同

한가지 동　한가지 동　한가지 동

한가지 동

• 同時(동시) : 같은 때

부수 里(마을 리)   中 重(zhòng) 쫑*

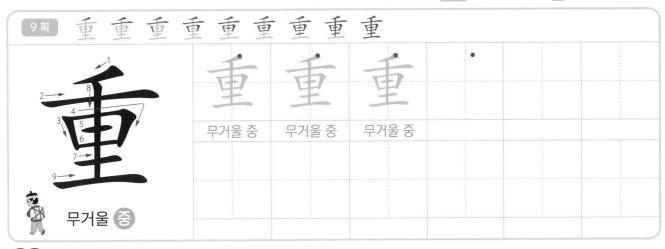

重 重 重 重 重 重 重 重 重

무거울 중　무거울 중　무거울 중

무거울 중

• 所重(소중) : 귀중하고 꼭 필요함

5단계 | 事物 / 有色 / 同重 / 休歌 / 旗立　**45**

부수 亻(사람인변) 中 休(xiū) 씨우

6획 休 休 休 休 休 休

休 休 休

쉴 휴   쉴 휴   쉴 휴

쉴 **휴**

• 休日(휴일) : 쉬는 날

부수 欠(하품 흠) 中 歌(gē) 끄어

14획 歌 歌 歌 歌 歌 歌 歌 歌 歌 歌 歌 歌 歌 歌

歌 歌 歌

노래 가   노래 가   노래 가

노래 **가**

• 校歌(교가) : 학교를 나타내는 노래

부수 方(모 방) 中 旗(qí) 치

14획 旗 旗 旗 旗 旗 旗 旗 旗 旗 旗 旗 旗 旗 旗

旗 旗 旗

기 기   기 기   기 기

기 **기**

• 白旗(백기) : 흰 깃발, 싸움에서 졌다는 표시의 깃발

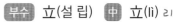
부수 立(설 립)　中 立(lì) 리

5획　立 立 立 立 立

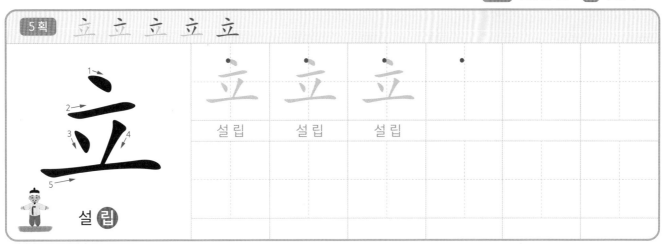

立　立　立
설립　설립　설립

설 립

교과서 한자어 · 自立(자립) : 스스로 일어 섬

植 物
식물

白 旗
백기

1 주어진 훈(뜻) 음(소리)에 맞는 한자를 고르세요.

① 일사
事
聿
車

② 물건 물
坳
沕
物

③ 있을 유
角
有
肖

④ 빛 색
色
邑
芭

⑤ 한가지 동
伺
同
冏

⑥ 무거울 중
皇
量
重

⑦ 쉴 휴
体
休
休

⑧ 노래 가
哥
歌
歇

⑨ 기 기
簹
祺
旗

⑩ 설 립
位
立
六

2 다음 그림을 보고 연상되는 한자의 훈(뜻)과 음(소리)을 쓰세요.

①  도구를 쥐고 있는 손을 그린 모양

훈   음

②  소를 도축하고 있는 것을 그린 모양

훈   음

③ 고기를 쥐고 있는 손을 그린 모양

훈   음

④  나란히 앉은 두 사람의 빛나는 얼굴을 그린 모양

훈   음

⑤ 모든 사람이 하나의 목소리로 소리를 내는 모양

훈   음

⑥  끈으로 사방을 동여맨 보따리를 메고 있는 사람을 그린 모양

훈   음

⑦  나무에 기대어 쉬고 있는 사람을 그린 모양

훈   음

⑧  입을 벌리고 노래를 부르는 사람을 그린 모양

훈   음

⑨  휘날리는 깃발을 그린 모양

훈   음

⑩  두 팔을 벌리고 땅 위에 서 있는 사람을 그린 모양

훈   음

3 한자어의 뜻을 읽고 빈칸에 알맞은 한자를 쓰세요.

보기1 | 生 | 事 | 物 | 有 | 色 | 名 | 重 |

❶ 온갖 나무와 풀의 총칭 ➡️ | 식 | 물 | ➡️ | 식 | |

❷ 귀중하고 꼭 필요함 ➡️ | 소 | 중 | ➡️ | 소 | |

❸ 갑자기 일어난 나쁜 일 ➡️ | 사 | 고 | ➡️ | | 고 |

❹ 다른 사람에게 지나치게 자랑함 ➡️ | 생 | 색 | ➡️ | | |

❺ 이름이 널리 알려짐 ➡️ | 유 | 명 | ➡️ | | |

보기2 | 校 | 同 | 白 | 休 | 自 | 歌 | 時 | 旗 | 立 | 日 |

❻ 흰 깃발, 싸움에서 졌다는 표시의 깃발 ➡️ | 백 | 기 | ➡️ | | |

❼ 스스로 일어 섬 ➡️ | 자 | 립 | ➡️ | | |

❽ 쉬는 날 ➡️ | 휴 | 일 | ➡️ | | |

❾ 같은 때 ➡️ | 동 | 시 | ➡️ | | |

❿ 학교를 나타내는 노래 ➡️ | 교 | 가 | ➡️ | | |

4 다음 밑줄 친 말에 해당하는 한자를 [보기] 에서 찾아 그 번호를 쓰세요.

[보기]

| ① 事 | ② 物 | ③ 有 | ④ 色 | ⑤ 同 |
| ⑥ 重 | ⑦ 休 | ⑧ 歌 | ⑨ 旗 | ⑩ 立 |

1 우리는 **같이** 뒷머리를 긁적거리면서 소리 없이 웃었다.

2 이 사람, 남에게 덕을 베푼 **일**이라곤 없는 모양이네!

3 계단에는 **물건**을 쌓지 말라고 하셨어.

4 동물들은 몸의 **색깔**을 바꾸어 자신의 몸을 지킵니다.

5 저승 곳간에 볏짚이라도 **있는** 것은 그 때문이었다.

6 옆에 **서** 있던 저승사자가 코웃음을 치며 말했다.

7 오늘은 **쉬는** 날이라 학교에 안 갔습니다.

8 두 정상을 태운 차가 지나가자 시민들은 **깃발**을 흔들며 환호했습니다.

9 워낙 크고 **무거워서** 많이 가지고 다니지 못했습니다.

10 제하가 합창 연습을 맡으면서부터 우리 반 **노래** 실력은 몰라보게 달라졌다.

틀린 그림 찾기

● 위와 아래의 그림을 비교하여 서로 다른 부분 10곳을 찾아보세요.

신나는 코딩 놀이

휴대폰이 잠겨 있어요. 다음 힌트를 이용하여 잠금 패턴을 풀어 순서대로 연결하세요.

힌트 ▫▫▫

1 : 이 글자의 의미는 '일'이야.

2 : 이 글자는 動〇, 植〇에 공통으로 들어가는 글자야.

3 : 이 글자의 음은 '색'이야.

4 : 이 글자는 國〇, 白〇에 공통으로 들어가는 글자야.

5 : 이 글자의 의미는 '노래'야.

6 : 이 글자의 의미는 '무겁다'야.

 **총정리문제** 서로 반대 / 상대되는 한자를 빈칸에 써보세요.

1

1

 問 ⟷ ☐

물을 문   대답할 답

2

 客 ⟷ ☐

손님 객   주인 주

3

 都 ⟷ ☐

도읍 도   농사 농

4

 曲 ⟷ ☐

굽을 곡   곧을 직

5

 入 ⟷ ☐

들 입   날 출

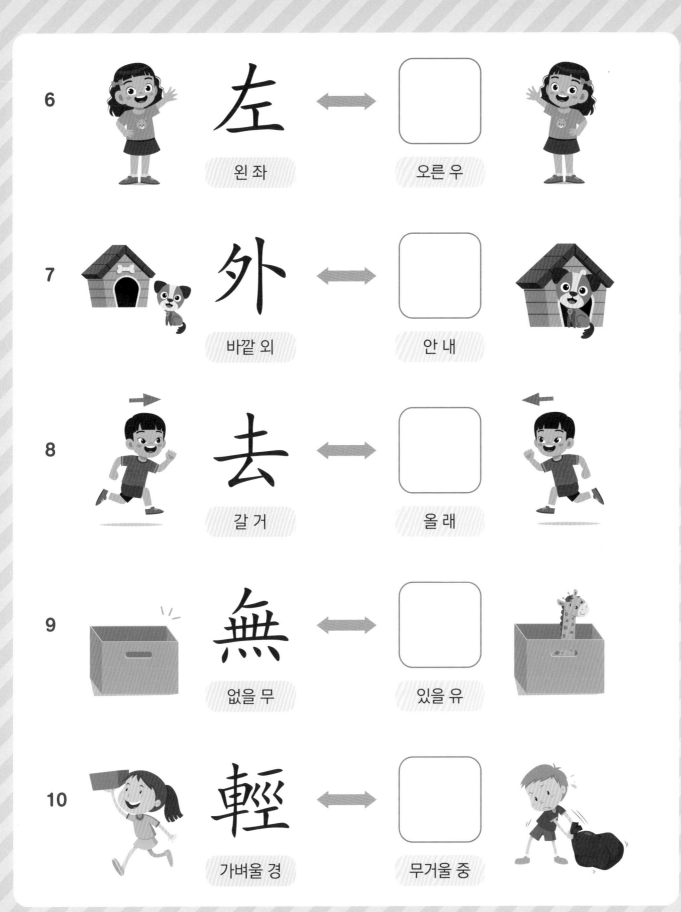

6 左 왼 좌 → ☐ 오른 우

7 外 바깥 외 → ☐ 안 내

8 去 갈 거 → ☐ 올 래

9 無 없을 무 → ☐ 있을 유

10 輕 가벼울 경 → ☐ 무거울 중

총정리문제 같은 음의 한자를 찾아 **모두 동그라미** 하세요.

2

1 동

洞 動 同 東

2 명
NAME
空 所 名 命

3 문
問 里 文 門

4 백

百 日 口 白

5 사
事 色 世 四

6	수 	手 算 數 水
7	자 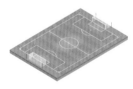	字 重 自 子
8	장 	場 後 旗 長
9	전	前 全 金 電
10	화	花 話 漢 活

가로세로 낱말 퍼즐

힌트를 읽고 빈칸에 들어갈 한자를 쓰세요.

1

①長	②			③文
	學		④漢	
⑤算	⑥		⑦學	
	學		⑧	答

보기 問　數　字　文

가로 열쇠

❶ 긴 글
❹ 고대 중국에서 만들어진 글자
❺ 계산하는 방법
❽ 서로 묻고 대답함

세로 열쇠

❷ 생각이나 감정을 언어로 표현한 예술
❸ 글자
❻ 수와 양 및 공간의 성질에 관하여 연구하는 학문
❼ 어떤 분야를 체계적으로 배워서 익힘

2

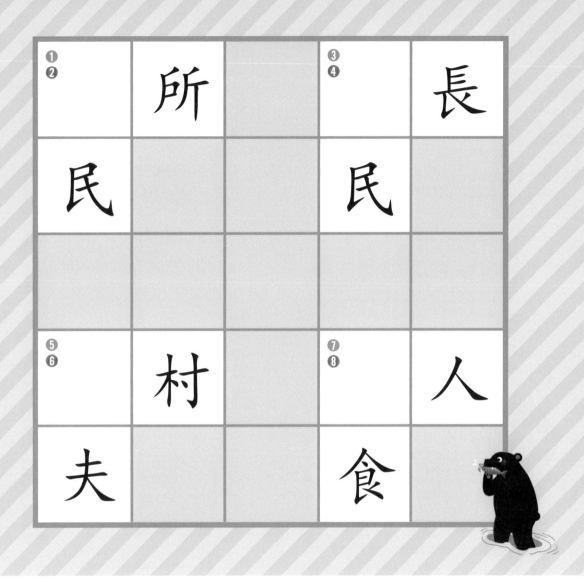

보기   農 市 主 住

가로 열쇠

❶ 사는 곳

❸ 시의 행정을 책임지는 우두머리

❺ 농사를 짓는 사람들이 모여 사는 마을

❼ 물건을 가지고 있는 사람

세로 열쇠

❷ 정해진 지역에 살고 있는 사람

❸ 도시에 사는 주민

❻ 농사 짓는 사람

❽ 끼니 때마다 주로 먹는 음식

가로세로 낱말 퍼즐

힌트를 읽고 빈칸에 들어갈 한자를 쓰세요.

3

❶ 便			❸❹	直
❷	全		答	
	❻ 答		❼ 下	
❺ 便			❽	道

보기 　車　安　紙　正

🔑 **가로 열쇠**

❷ 위험이 생기거나 사고가 날 위험이 없음

❸ 거짓없이 바르고 곧음

❺ 안부나 소식, 용무 등을 적어 보내는 글

❽ 차가 다니도록 마련한 길

🔑 **세로 열쇠**

❶ 괴롭거나 아프지 않고 편하여 좋음

❹ 바른 답

❻ 문제의 해답을 쓰는 종이

❼ 타고 있던 차에서 내림

4

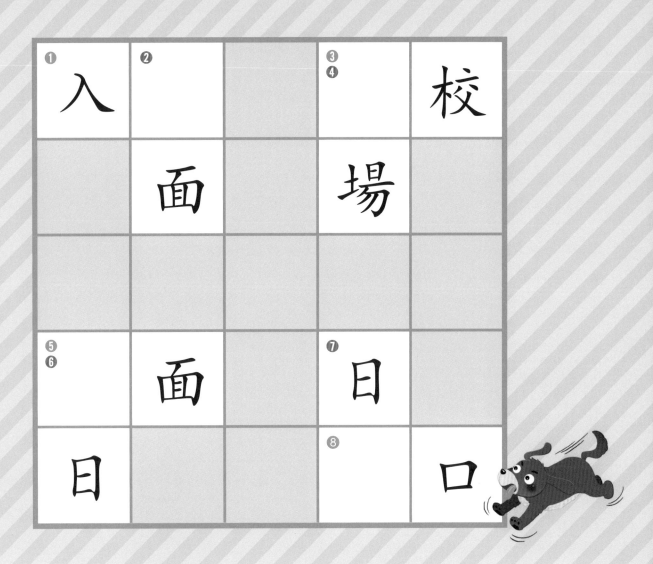

보기 　平 場 出 登

가로 열쇠

❶ 어떤 장소로 들어감
❸ 학교에 감
❺ 평평한 표면
❽ 밖으로 나갈 수 있는 통로

세로 열쇠

❷ 어떤 장소에서 겉으로 드러난 면이나 벌어진 광경
❹ 무대에 올라감
❻ 휴일이 아닌 보통 날
❼ 해가 떠오름

가로세로 낱말 퍼즐

힌트를 읽고 빈칸에 들어갈 한자를 쓰세요.

5

❶ 食			❸❹	紙
❷	物		日	
	❻ 自		❼❽	時
❺ 國			色	

보기   同 立 休 事

가로 열쇠 🔑

❷ 일과 물건을 아울러 이르는 말

❸ 쓸모없는 종이

❺ 나라에서 세우고 관리함

❼ 같은 때

세로 열쇠 🔑

❶ 아침, 점심, 저녁 밥을 먹는 일

❹ 쉬는 날

❻ 스스로 일어 섬

❽ 같은 색

6

南	❶❷	北	女				
	女						
	老			❻世	❼	萬	事
	少				下		
❸東			❺八		左		
			道		右		
西			江				
答		❹人		人	海		

보기 　山　上　問　男

가로 열쇠 🗝

❶ 남남북녀
❹ 인산인해
❻ 세상만사

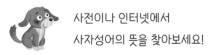

사전이나 인터넷에서
사자성어의 뜻을 찾아보세요!

세로 열쇠 🗝

❷ 남녀노소
❸ 동문서답
❺ 팔도강산
❼ 상하좌우

빈칸 채우기 다음 동화를 읽으며 빈칸에 알맞은 한자를 써 보세요.

1

| 月 | 東 | 安 | 八 | 村 | 山 | 三 | 母 | 所 |
| 水 | 答 | 外 | 北 | 木 | 女 | 活 | 西 | 七 |

도로시는 캔자스에서 엄마( )처럼 대해주는 엠 아주머니와 함께 편안

하게( ) 살고( ) 있었어요. 어느 날 바깥( )에 있던

도로시는 회오리 바람을 타고 오즈의 나라에 가게 되었어요. 오즈를 찾아 가는

길에서 도로시는 세( ) 친구를 만납니다. 허수아비와 양철 나무( )

꾼, 그리고 겁쟁이 사자가 바로 그 친구들이죠. 산( )을 넘고, 괴물의 공

격을 피하며 함께 이겨 냅니다. 그러나 가까스로 찾아간 오즈는 서쪽( )

나라의 나쁜 여자( ) 마법사를 없애야만 소원을 들어주겠다고 합니다.

도로시와 친구들은 일곱( ) 번의 위험을 이겨 내고 여덟( )번

만에 마녀를 없앱니다. 그러나 오즈는 소원을 들어줄 수 없다고 답( )합

니다. 결국 오즈는 허수아비에게는 왕겨로 만든 뇌를, 양철 나무꾼에게는 톱밥

으로 만든 심장을, 겁쟁이 사자에게는 용기가 생긴다는 가짜 물( )약을

줍니다. 도로시는 북쪽( ) 마녀로부터 동쪽( ) 마녀의 은구두를

얻을 수 있었는데, 그 은구두는 원하는 곳( )으로 데려다 주는 힘이 있었

고 달( )이 뜬 어느 날, 캔자스 마을( )로 돌아갑니다.

2

教 入 共 有 靑 事 金 中 場
內 門 下 白 日 五 四 九 十

플랜더스의 개

넬로와 파트라슈, 다스 할아버지는 가난하지만 서로를 사랑하며 정답게 살아

갑니다. 넬로는 할아버지를 대신해 우유 배달 일(⬜)을 하며 생계를 꾸

렸지만 파트라슈와 할아버지가 있어(⬜) 행복했어요. 넬로의 마을은 루

벤스의 예술이 깃든 장소(⬜)로 푸른(⬜) 산 아래 몇 십(⬜)채의

집들이 모여 있고, 성당에는 황금(⬜)처럼 네(⬜) 다섯(⬜)

색으로 빛나는 루벤스의 그림이 있습니다. 넬로는 그림을 가르쳐(⬜) 주

는 사람은 없지만 자신도 화가가 되겠다는 꿈을 꿉니다. 마을 유지인 코제 씨는

넬로가 가난하다는 이유로 딸 알루아와 교류를 금지합니다. 추운 겨울날, 할아

버지가 돌아가시고 넬로는 오두막에서 쫓겨납니다. 그런 가운데(⬜) 미

술 대회 수상자도 다른 사람으로 정해진 것을 알고, 넬로는 깊이 절망합니다.

하얀(⬜) 눈길을 헤매던 넬로가 코제 씨의 지갑을 주워 돌려주자 코제

씨는 잘못을 뉘우치고 넬로에게 잘 대해 줄 것을 결심합니다. 그러나 다음 날

(⬜) 아침, 루벤스의 그림이 아홉(⬜)개 걸린 성당 안(⬜)으

로 들어가자(⬜), 넬로와 파트라슈가 문(⬜) 아래(⬜)에서

함께(⬜) 싸늘하게 발견됩니다.

정답

1단계   p.8

1 ❶ 干 / 千 / 于   ❷ 敦 / 數 / 敎   ❸ 白 / 首 / 百

❹ 答 / 荅 / 筌   ❺ 聞 / 問 / 間   ❻ 箕 / 筭 / 算

❼ 工 / 土 / 王   ❽ 丈 / 交 / 文   ❾ 漌 / 漠 / 漢

❿ 子 / 字 / 宇   ⓫ 語 / 詰 / 詩

2 ❶ 일백 백 ❷ 일천 천 ❸ 셈 산
❹ 셈 수 ❺ 물을 문 ❻ 대답할 답
❼ 말씀 어 ❽ 글월 문 ❾ 한나라 한
❿ 글자 자 ⓫ 장인 공

3 ❶ 百日 ❷ 수千 ❸ 계算
❹ 점數 ❺ 질問 ❻ 漢字
❼ 文화 ❽ 工사 ❾ 단語
❿ 大文字

4 1. ⑧   2. ⑦   3. ⑪
   4. ⑨   5. ⑩   6. ④
   7. ①   8. ②   9. ⑥
   10. ⑤ 11. ③

틀린 그림 찾기

신나는 코딩 놀이

🖤🌙 : 漢字   ▲ : 千   ☀🟦 : 算數
☁ : 百   ◆ : 問

2단계   p.18

1 ❶ 仳 / 世 / 也   ❷ 洞 / 洞 / 洞   ❸ 道 / 道 / 逎

❹ 色 / 皂 / 邑   ❺ 市 / 布 / 市   ❻ 里 / 星 / 圼

❼ 農 / 晨 / 震   ❽ 材 / 杖 / 村   ❾ 往 / 佳 / 住

❿ 主 / 至 / 生   ⓫ 听 / 所 / 斫

2 ❶ 인간 세 ❷ 길 도 ❸ 저자 시
❹ 골 동 ❺ 고을 읍 ❻ 마을 리
❼ 농사 농 ❽ 마을 촌 ❾ 살 주

⑩ 바 소　　⑪ 주인 주

3 ❶ 市장　　❷ 九만里　　❸ 世계
　　❹ 洞굴　　❺ 道로　　❻ 지구村
　　❼ 장所　　❽ 主人　　❾ 住所
　　⑩ 農부

4 1. ⑥　　2. ⑦　　3. ⑪
　　4. ⑩　　5. ④　　6. ⑨
　　7. ⑧　　8. ①　　9. ②
　　10. ⑤　　11. ③

틀린 그림 찾기

신나는 코딩 놀이

道 / 시 / 동 / 세

농 / 村 / 主

住 / 소 / 邑 / 리

道 / 市 / 洞 / 世

농 / 村 / 主

住 / 所 / 읍 / 里

농 / 村

3단계　　p.28

1 ❶ 妥 / 安 / 突
　　❷ 全 / 金 / 会
　　❸ 止 / 正 / 조
　　❹ 植 / 眞 / 直
　　❺ 電 / 霓 / 電
　　❻ 活 / 話 / 語
　　❼ 車 / 東 / 卓
　　❽ 納 / 紙 / 祗
　　❾ 勤 / 勤 / 動
　　⑩ 託 / 記 / 說

2 ❶ 편안 안　　❷ 온전 전　　❸ 바를 정
　　❹ 곧을 직　　❺ 번개 전　　❻ 말씀 화
　　❼ 움직일 동　❽ 수레 차/거　❾ 기록할 기
　　⑩ 종이 지

3 ❶ 충電　　❷ 正각　　❸ 통話
　　❹ 安全　　❺ 正直　　❻ 記자
　　❼ 動영상　❽ 全원　　❾ 도화紙
　　⑩ 車표

4 1. ③　　2. ①　　3. ②
　　4. ④　　5. ⑤　　6. ⑩
　　7. ⑥　　8. ⑨　　9. ⑧
　　10. ⑦

정답

틀린 그림 찾기

신나는 코딩 놀이

┛┗ : 安全

┗┓ : 正直

4단계

p.38

1
① 叿 / (出) / 击
② (入) / 八 / 人
③ 半 / (平) / 甲
④ (面) / 酉 / 酉
⑤ 右 / 在 / (左)
⑥ 左 / (右) / 石
⑦ 凳 / 発 / (登)
⑧ (場) / 塌 / 場
⑨ 茶 / (來) / 夾
⑩ 丙 / 内 / (內)
⑪ (方) / 亢 / 夂

2
① 왼 좌
② 오른 우
③ 날 출
④ 들 입
⑤ 평평할 평
⑥ 낯 면
⑦ 오를 등
⑧ 마당 장
⑨ 올 래
⑩ 모 방
⑪ 안 내

3
① 入金
② 平面
③ 日出
④ 平화
⑤ 左右
⑥ 운동場
⑦ 실內
⑧ 四方
⑨ 登校
⑩ 來日

4
1. ③
2. ②
3. ⑥
4. ④
5. ①
6. ⑤
7. ⑩
8. ⑦
9. ⑨
10. ⑧
11. ⑪

틀린 그림 찾기

신나는 코딩 놀이

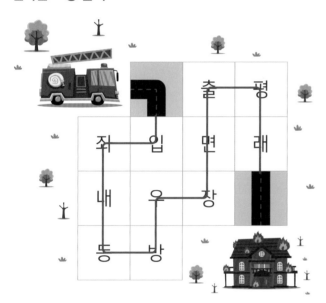

(4,7) : 登場

(10, 8) : 平面

1
① 事 / 聿 / 車
② 勿 / 沕 / 物
③ 角 / 有 / 肖

④ 色 / 邑 / 芭
⑤ 伺 / 同 / 咼
⑥ 皇 / 量 / 重

⑦ 体 / 休 / 侏
⑧ 哥 / 歌 / 歇
⑨ 簇 / 祺 / 旗

⑩ 位 / 立 / 六

2
① 일 사
② 물건 물
③ 있을 유
④ 빛 색
⑤ 한가지 동
⑥ 무거울 중
⑦ 쉴 휴
⑧ 노래 가
⑨ 기 기
⑩ 설 립

3
① 植物
② 所重
③ 事故
④ 生色
⑤ 有名
⑥ 白旗
⑦ 自立
⑧ 休日
⑨ 同時
⑩ 校歌

4
1. ⑤
2. ①
3. ②
4. ④
5. ③
6. ⑩
7. ⑦
8. ⑨
9. ⑥
10. ⑧

정답

틀린 그림 찾기

신나는 코딩 놀이

총정리문제

p.54

1

1 答
2 主
3 農
4 直
5 出
6 右
7 內
8 來
9 有
10 重

2

1 洞 動 同 東
2 空 所 名 命
3 問 里 文 門
4 百 日 口 白
5 事 色 世 四
6 手 算 數 水
7 字 重 自 子
8 場 後 旗 長
9 前 全 金 電
10 花 話 漢 活

가로세로 낱말 퍼즐 p.58

1

長	文			文
	學		漢	字
算	數		學	
	學		問	答

2

住	所		市	長
民			民	
農	村		主	人
夫			食	

3

便			正	直
安	全		答	
	答		下	
便	紙		車	道

4

入	場		登	校
	面		場	
平	面		日	
日			出	口

5

食			休	紙
事	物		日	
	自		同	時
國	立		色	

6

南	男	北	女			
	女					
	老		世	上	萬	事
	少			下		
東		八		左		
問		道		右		
西		江				
答		人	山	人	海	

빈칸 채우기 p.64

1 < 오즈의 마법사 >

엄마(母), 편안하게(安), 살고(活), 바깥(外), 세(三), 나무(木), 산(山), 서쪽(西), 여자(女), 일곱(七), 여덟(八), 답(答), 물(水), 북쪽(北), 동쪽(東), 곳(所), 달(月), 마을(村)

2 < 플랜더스의 개 >

일(事), 있어(有), 장소(場), 푸른(靑), 십(十), 황금(金), 네(四), 다섯(五), 가르쳐(敎), 가운데(中), 하얀(白), 날(日), 아홉(九), 안(內), 들어가자(入), 문(門), 아래(下), 함께(共)

초판 발행   2024년 8월 20일

저자   허은지 · 박진미
발행인   이기선
발행처   제이플러스
삽화   김효지
등록번호   제10-1680호
등록일자   1998년 12월 9일
주소   경기도 고양시 덕양구 향동로 217 KA1312
구입문의   02-332-8320
팩스   02-332-8321
홈페이지   www.jplus114.com
ISBN   979-11-5601-265-8

Memo

Memo